HOWARD
FAST

DIE KUNST DER ZEN MEDITATION

SPHINX POCKET 4

HOWARD
FAST

DIE
KUNST
DER
ZEN
MEDITATION

SPHINX VERLAG
BASEL

Aus dem Amerikanischen übertragen
von Dieter A. Hagenbach

Photos von Maxine Gomberg

CIP-Kurztitelaufnahme der Deutschen Bibliothek

Fast, Howard:
Die Kunst der Zen-Meditation / Howard Fast.
[Aus dem Amerikan. übertr. von Dieter A. Hagenbach].
Basel: Sphinx Verlag, 1980.
(Sphinx Pocket; 4)
Einheitssacht.: The art of Zen meditation ‹dt.›
ISBN 3-85914-304-2

1980

Die Originalausgabe erschien unter dem Titel
The Art of Zen Meditation
bei Peace Press, Culver City, USA
Umschlaggestaltung: Thomas Bertschi
Gesamtherstellung:
Druckhaus Rombach + Co GmbH
D-7800 Freiburg i. Br.
Printed in Germany
ISBN 3-85914-304-2

Dieses kleine Büchlein soll eine Einführung sein in die Kunst der Zen-Meditation. Da Zen-Meister gerne darlegen, daß Zen die direkteste und einleuchtendste Sache der Welt sei, ist eine einfache Einführung in die Kunst des Zen weder außerordentlich noch vermessen; aber sie muß mit der zusätzlichen Ermahnung dargestellt werden, daß Zen-Meditation wohl sehr einfach, sehr direkt, sehr gewöhnlich, gleichzeitig aber auch sehr schwierig und sehr entmutigend ist. Es gibt keine Leiter für den Aufstieg; es gibt keine Punkte; es erfolgt keine Bewertung; und was die Belohnungen anbelangt, so wird darüber nicht gesprochen, sie werden nicht vorausberechnet oder sogar erwartet, und wenn jemand zu wissen wünscht, welcher Art sie sind, so bestünde die angemessene Zen-Antwort aus einem simplen Schulterzucken.

Trotz allem wird dieser Prozeß für jene, welche den Prozeß der Zen-Meditation durchlaufen und dabei bleiben, zur wichtigsten und zentralsten Tatsache ihres Lebens. Und wenn die Zen-Meditation auch nichts verspricht, so erreicht sie oft mehr als der ganze Rest, den einem das Leben geben kann. Und während dies als Richtlinie für den Verlauf der Zen-Meditation gedacht ist, glaube ich, daß einige wenige Worte über Zen, so wie ich es verstehe, nicht unangebracht sind.

Ungefähr fünfhundert Jahre vor unserer Zeitrechnung lebte im Norden Indiens ein königlicher Prinz. Sein Name war Siddharta Gautama. Angesichts des Leidens, das sich jenseits der Mauern seines Palastes abspielte, gab er sein geschütztes und komfortables Leben auf und zog hinaus, um einen Lebensweg zu finden, welcher der Menschheit helfen würde. Er wurde ein Einsiedler, ein Wanderer, ein Teil der brodelnden Masse der Menschheit, für die er so viel Liebe und Mitleid empfand. Meditation war in Indien bekannt und wurde auch praktiziert, und Gautama wählte den Weg der Meditation als Schlüssel zur Lösung des Problems menschlichen Leidens.

Während Jahren meditierte er unter einem Boddhi-Baum, und während all dieser Jahre kamen Leute aus ganz Indien, um seinen Lehren, Regeln und Gesetzen zuzuhören. Durch seine Meditation erlangte er eine Art höchstes Wissen oder Erleuchtung, wie es die Buddhisten nennen, oder Satori, wie es die japanischen Zen-Meister bezeichnen.

Er predigte eine Lehre von einem immerwährenden Universum absoluter Wesensart, mit dem Menschen als Teil dieses Absoluten – aber auch als ein durch Illusion und Leiden Gefangener. Der Weg, der aus diesem Leiden hinausführt, ist in acht einfachen Weisungen umschrieben: Rechtes Erkennen, rechtes Entschließen, rechtes Reden, rechtes Streben, rech-

tes Handeln, rechtes Leben, rechte Konzentration, rechte Meditation. Meditation ist ein Pfad zur Selbsterkenntnis und Selbsterkenntnis ein Weg zu allem anderen. Er sprach von einer Sache mit dem Namen Karma, dem unzerstörbaren moralischen Kern jeglichen menschlichen Wesens, und von einer Sache mit dem Namen Nirvana, einer Erleuchtung, die nach vielen Generationen guter Karmas erlangt wird.

Es ist eine gütige Religion, gewoben aus Mitleid und Liebe für alle Lebewesen. Sie spricht von keinem Gott, wie wir ihn kennen, aber sie umarmt etwas Absolutes, das immer war und immer sein wird.

Und Gautama, jener Mann, der diesen Lebensstil predigte, wurde bald bei seinen Jüngern und dann auf der ganzen Welt bekannt als Buddha, der Erleuchtete. Er war nie eine Gottfigur, nie mehr als ein Mensch, aber nie weniger als ein Mensch, und unter Zen-Buddhisten herrscht der Glaube, daß diese gleiche Buddha-Natur, diese gleiche Möglichkeit zur Erleuchtung oder zu Satori in jedem Menschen existiere.

Etwa tausend Jahre nach der Zeit Buddhas zog ein indischer Mönch nach China, um den Buddhismus zu predigen. Sein Name (den man ihm vielleicht auch gegeben hat) war Bodhidharma und setzt sich aus zwei Sanskritbegriffen zusammen: Bodhi bedeutet Erleuchtung, und Dharma bedeutet Gesetz.

Die Chinesen nahmen den Buddhismus bereitwillig an und modifizierten ihn gleichzeitig. Sie fügten dem wahren Pfad des Lebens eine strikte Meditation zur Suche nach Selbsterkenntnis hinzu, zusammen mit der Überzeugung, daß sich die Erleuchtung mit der Zunahme des inneren Wissens einstellen würde, eine Art Durchbruch zu Satori. Diese Richtung des Buddhismus wurde Ch'an genannt, was in Japan – wo sie von chinesischen Mönchen eingeführt wurde – in Zen transkribiert wurde. Das Wort ch'an bedeutet ganz einfach sitzen.

Der Zen-Buddhismus teilte sich in zwei Schulen. Die Rinzai-Schule entwickelte die Koan-Methode, bei der der Meister dem Schüler ein Rätsel aufgibt, dessen Lösung die Vernunft übersteigt. Die Soto-Schule, die durch den großen Zen-Meister Dogen in Japan eingeführt wurde, geht einen anderen Weg und stellt die Technik der Meditation in den Vordergrund, wie ich sie auf den folgenden Seiten beschreibe.

Es muß trotz allem betont werden, daß Zen nie ausschließlich ist. Es ist der Inhalt der Zen-Meditation, der zählt, und nicht der Stil, nicht das Drum und Dran. Ganz gewiß ist Zen eine Religion, aber eine Religion ohne heilige Schrift, ohne Doktrin oder Dogma und ohne Sünde.

Ein weiser Mann sagte einst, daß, wenn unsere Sonne zu scheinen aufgehört hat, wenn die Erde nicht länger auch nur noch eine Erinnerung ist, es noch immer Zen geben wird, wie es auch schon Zen gegeben hat, bevor unsere Erde geboren war.

In keiner Weise erhebt dieses kleine Buch den Anspruch einer Interpretation des Zen-Denkens. Es ist vielmehr ein Anfang auf dem Weg der Meditation, und auch dann wird es für den Leser von unermeßlichem Vorteil sein, wenn er einen Lehrer finden kann, denn die Technik des Zen wird am besten persönlich, von Lehrer zu Schüler vermittelt. Aber es gibt wenig Lehrer und viele Orte, wo der einzige Weg zur Zen-Meditation in der Selbstunterweisung besteht. Als dem großen Zen-Meister Daisetz Suzuki von seinem eigenen Meister die Mission übertragen wurde, Zen im Westen einzuführen, wurde ihm erklärt, daß die Vereinigten Staaten der Ort des nächsten Aufblühens des Zen-Buddhismus sein würden. Ich würde dem gerne recht geben, denn es würde unserem Land eine schöne und lebendige Sache bringen, die uns nur helfen und bereichern könnte.

Und schließlich, seien Sie versichert, daß Zen nichts erfordert, genauso wie es auch nichts verspricht. Man kann ein protestantischer Zen-Buddhist sein, ein katholischer Zen-Buddhist oder ein jüdischer Zen-Buddhist. Zen ist eine ruhige Sache. Sie hört zu.

Die schwierigste Sache ist hier zu sein. Der Geist sieht sich selbst plötzlich als einen Gefangenen. Er kämpft, ärgert sich, entfesselt sich, um das zu tun, was er immer getan hat; um zu träumen, sich etwas einzubilden, um ziellos wie ein Eichhörnchen in einem Käfig umherzurasen, um Selbstgespräche abzuhalten – alles, um die Realität des Hier zu vermeiden. Er wird verschlagen und listig; er denkt und gibt vor, daß er nicht denke. Und unvermittelt entfaltet er sich zu einem herzlichen, befriedigenden Wachtraum, und die Meditation ist zerstört. Und dann sieht der Geist sich selbst und realisiert, daß das einfache Sitzen und hier zu sein möglicherweise die schwierigste Sache der Welt ist.

Hier zu sein ist beinahe alles; hier zu sein und nicht irgendwo anders; da zu sein. Weder in der Vergangenheit zu sein, mit Erinnerungen und Reue und Dingen, die vielleicht hätten sein können, aber es nie waren – noch in der Zukunft zu sein, planend, träumend und fliehend, nicht anderswo zu sein, in einer anderen Stadt, in einem anderen Land oder mit jemandem anderen oder in einem Trugbild oder in einem Tagtraum oder gefangen in irgendeinem erfundenen inneren Gespräch.

Sondern einfach hier zu sein. Hier, wo ich zu diesem Zeitpunkt bin. Ich fälle kein Urteil darüber, ob ich nun zufrieden oder unzufrieden bin; ich bin einfach da.

In früheren Zeiten würden sie diesen Platz in diesem Moment den heiligen Platz genannt haben. Dort zu sein machte ihn heilig. Nur dies und nichts anderes.

Und so beginnt die Meditation.

Wenn ich mich zuerst einmal hinsetze, wenn ich mich auf za-zen oder die sitzende Meditation vorbereite, versuche ich, es mir möglichst bequem zu machen und jede Unterbrechung zu vermeiden. Der frühe Morgen eignet sich dafür am besten; aber wenn dies nicht möglich ist, geht es auch zu einer anderen Tageszeit, und einige Leute bevorzugen den späten Abend. Ich versuche, mir pro Tag mindestens eine halbe Stunde Zeit zu nehmen, wenn möglich an einem Stück. Wenn ich Zeit und das Bedürfnis habe, mag ich mich vielleicht ein weiteres Mal hinsetzen. Falls eine halbe Stunde nicht möglich sein sollte, werde ich so lange sitzen, wie die Zeit es mir erlaubt.

Aber zu glauben, daß alles erreicht würde, wenn man sich den ganzen Tag über, immer und immer wieder, hinsetzt und deswegen andere Dinge aufgibt – auf der Basis Je mehr, desto besser –, ist nicht der Weg des Zen und führt zu nichts. Wir sind nicht in einem Kloster; wir sind im Leben, und Zen muß ein Teil unseres Lebens sein, nicht ein Ersatz dafür.

Nun habe ich meine Stellung eingenommen. In Japan ist es üblich, Zen in der Lotusstellung auszuführen; aber das ist schwierig, manchmal unmöglich und für ältere Leute oft schmerzhaft. Es ist auch nicht notwendig.

Ich ziehe es vor, mich in einer einfachen Stellung mit gekreuzten Beinen hinzusetzen, auf einem nicht allzu dicken Kissen; meine übereinandergelegten Knöchel ruhen dabei auf einer weichen Unterlage, einem Teppich oder einer Matte oder einer gefalteten Decke. Ich sitze auf der Kante des Kissens mit einem leichten Schwung nach vorne und nach unten. Meine Hände ruhen locker in meinem Schoß, die Daumen berühren sich. Meine Augen sind auf den Boden, auf einen etwa einen Meter weit entfernten Punkt gerichtet. Ich trage ein weites Gewand, das keinen Teil meines Körpers beeinträchtigt. Mein Körper ist aufrecht, mein Kopf im rechten Winkel zur Wirbelsäule.

Für einige Leute wird es beim ersten Mal unmöglich sein, sich mit gekreuzten Beinen auf ein niedriges Kissen zu setzen. Dann muß ein genügend hoher Stapel Kissen für die nötige Bequemlichkeit sorgen. Mit der Zeit spüren die meisten Leute ein sanftes Strecken der Bänder, und die Stellung mit gekreuzten Beinen wird leichter.

Trotz allem, wenn das Sitzen mit gekreuzten Beinen zu schmerzhaft ist, so kann man die Meditation auch auf einem Stuhl sitzend durchfüh-

ren. Aber ich muß sagen, daß – falls möglich – die Stellung mit gekreuzten Beinen besser ist.

Auf dieser Seite sehen wir die Lotusstellung, während die Abbildung auf der rechten Seite die halbe Lotusstellung zeigt. Wenn Sie jung und geschmeidig sind, ziehen Sie es vor, in dieser Art zu sitzen, da es sich dabei um eine traditionelle japanische Stellung handelt.

Wenn aber die Stellung Schmerzen bereitet, wird die Meditation gestört und es ist besser, den Versuch zu unterlassen. Ich habe herausgefunden, daß meine Meditation besser ist, wenn ich mit einfach gekreuzten Beinen in der halben Lotusstellung sitzen kann.

Nun beginnt die Meditation. Zuerst bin ich einfach nur ruhig und richte meine Aufmerksamkeit auf meinen Atem. Ich versuche nicht, mein normales Atmen zu beeinflussen oder zu verändern, sondern ihm zu folgen. Ich leite meine Aufmerksamkeit mit dem Aufsteigen des Atems in meine Nase, und ich folge der sanften Bewegung meiner Lungen und dem Zwerchfell, wenn der Atem eindringt; dieselbe Aufmerksamkeit folgt meinem Atem, wenn er durch meine Nase wieder entweicht.

Ich zähle zehn Atemzüge, normale Atemzüge, wobei ich nicht tiefer atme, als wenn meine Aufmerksamkeit auf etwas anderes gerichtet wäre. Aufmerksamkeit ist der springende Punkt bei der Meditation, und nachdem ich mit Zählen fertig geworden bin,während der ganzen Meditation, versuche ich mit meinem ganzen Willen, meine volle Aufmerksamkeit auf mein Atmen gerichtet zu lassen.

Indem ich die zehn Atemzüge gezählt habe, habe ich nun meine Aufmerksamkeit unter Kontrolle – obwohl es tatsächlich schwierig sein wird, dieselbe während der ganzen Meditation beizubehalten.

Nun bringe ich meinen Körper in den Vordergrund meines Bewußtseins. Stellen Sie sich dies folgendermaßen vor: Die volle Aufmerksamkeit auf mein Atmen ist wie ein Pfeil; die zweitrangige Aufmerksamkeit auf meinen Körper ist wie der Bogen, der den Pfeil schnellen läßt. Ich bringe dieses zweitrangige Augenmerk folgendermaßen zum Wirken:

Ich beginne mit meinen Zehen, meinen Füßen und dann mit meinen Schienbeinen. Ich fühle sie. Ich empfinde sie. Ich fühle meine Glieder. Ich fühle die Berührung meiner Kleider und meines Gewands auf meinem Körper. Das Gefühl, das Empfinden, ist geistig. Ich bewege mich nicht, eher richte ich meine Sinne auf das Fühlen meines Körpers und auf alles, was ihn berührt, um meiner selbst in jedem Teil meines Körpers gewahr zu werden.

Und noch immer verbleibt diese volle Aufmerksamkeit beim Ein- und Ausatmen.

Ich versuche, den Zug der Gravitation zu fühlen – das, was wir immer als selbstverständlich betrachten – und drücke mein Gesäß auf das Kissen. Ich richte mein Rückgrat auf, mache mir im Geist ein Bild davon, recke es und setze meinen Kopf aufrecht auf mein Rückgrat. Ich

fühle meine Arme auf meinen Schenkeln und die gegenseitige Berührung meiner Hände.

Nun bin ich meines ganzen Körpers gewahr, in erster Linie gewahr meines Ein- und Ausatmens, aber auch meines ganzen Körpers.

Nun löse ich mich von der aufgestauten Spannung – jener Spannung, die einen Teil der normalen Existenz darstellt. Die Methode ist einfach. Dort, wo ich in meinem Körper Spannung empfinde, befreie ich mich von ihr, sobald mein Atem aus meiner Nase strömt. Dies mag recht seltsam und vereinfacht erscheinen, aber es funktioniert.

Zuerst mein Kopf. Ich löse meine Spannung in den Wangen. Wo immer ich dann fühle, daß sich in meinem Körper Spannungen befinden, befreie ich mich davon mit dem Ausatmen.

Und immer versuche ich, meinem Körper ein normales Atmen zu erlauben – mit dem einzigen Unterschied, daß sich die volle, pfeilartige Aufmerksamkeit stets mit meinem Atem bewegt.

Und während all dieser Phasen, die nur einige wenige Minuten am Anfang der Meditation in Anspruch nehmen, versuche ich, meinen Geist klar und frei von Gedanken zu halten. Dies ist tatsächlich der schwierigste Teil der Meditation; den eigenen Geist nackt, offen und frei von Erinnerungen, Überlegungen, Ideen, Tagträumen und Selbstgesprächen zu halten. Es ist nicht etwas, das in einem Tag oder in einem Monat oder in einem Jahr vollbracht wird; doch kann man es schaffen und soll sich durch die Schwierigkeiten nicht entmutigen lassen.

Ich öffne meine Hände und halte sie so während vielleicht einer Minute oder zwei. Es ist eine Übung der Sinneswahrnehmung. Sie ermöglicht mir in den beiden Handflächen eine Wahrnehmung, ein Gewahrsein meiner selbst, meiner Hände und der Luft in der ich lebe und die mein Leben in Gang hält. Indem ich die Wahrnehmung entstehen und wachsen lasse, merke ich, daß meine Hände äußerst empfindsam werden; ein heißer Flecken im Zentrum jeder Handfläche.

In meinem Geist steigen Gedanken auf, aber ich löse mich wieder von ihnen. Solange sich meine Aufmerksamkeit mit dem Atem bewegt, kann ich mich von allen Gedanken, die aufsteigen, lösen.

Ich lege meine Hände wieder übereinander, die Daumen berühren sich. Nun bin ich in der Meditation, und ich versuche, für den verbleibenden Teil der halben Stunde darin zu verweilen. Ich versuche, mich völlig ruhig zu verhalten, und mit ein wenig Übung merke ich, daß dies absolut möglich ist. Ich kämpfe gegen die Neigung, meine Augen zu schließen. Wenn man seine Augen schließt, verfällt man allzu leicht in Träumereien, oder man halluziniert – was dem Zweck der Meditation zuwiderläuft.

Und wichtig: Ich beginne zu hören. Ich versuche, auf eine neue Art zu hören, nicht nur meine Ohren den Tönen zu öffnen, sondern mein ganzes Wesen. Es gibt keine Stille. Wenn der Ort, an dem ich meditiere, scheinbar ruhig ist, dann höre ich der Stille zu, und augenblicklich merke ich, daß sie zu Tönen wird. Ich fühle, daß ich hinausgreife, meine Sinne erweitere, mich selbst ausweite. Ich höre die Töne, deren ich bis anhin überhaupt nicht gewahr war, aber ich denke nicht über sie nach oder analysiere sie; ich höre nur.

Ruhig zu sein, vollständig ruhig zu sitzen und zu hören – das ist die Essenz der Zen-Meditation. Und dies zustande zu bringen ist vielleicht eines der schwierigsten Dinge.

Wenn mich Gedanken oder Sorgen überraschen, bringe ich meinen Körper erneut in mein Bewußtsein und richte meine Aufmerksamkeit auf meinen Atem.

Und wenn dann die Meditation weitergeht, lasse ich diese volle Aufmerksamkeit auf einen einige Zentimeter unter meinem Nabel gelegenen Punkt hinuntergleiten und fühle, daß dieses Zentrum meines Wesens sich auch mit meinem Atem bewegt. Je länger ich mich in der Meditation übe, desto öfter werde ich dem Atmen dieses Zentrums unterhalb meines Nabels folgen.

Zumindest am Anfang zeigt mir ein flüchtiger Blick auf die Uhr, daß die Zeit vorüber ist. Später werde ich dies auch ohne Uhr wissen.

Ich beende die Meditation in einer Stellung der Ehrerbietung; ein Bekenntnis dessen, was ich getan habe. Wenn auch nur für eine kleine Weile, habe ich versucht, nahe dem Zentrum der Dinge zu sein, ohne Haß oder Zorn oder Furcht oder Zukunftspläne oder Reue für Vergangenes zu existieren. Wenn die Essenz des Gebets darin besteht, ruhig zu sein und zu hören, dann habe ich eine halbe Stunde im Gebet verbracht, und ich habe eine Art Verbindung geschaffen, wenn auch nur kurz.

Sich vorzustellen, daß die Meditation mit dem Sitzen beginnt und endet, ist nicht der Weg des Zen. Za-zen, oder das Sitzen mit gekreuzten Beinen, ist nur ein Teil davon. Meditation heißt, des Wissens gewahr zu sein, mit ihm zu leben, zu sehen und zu hören, auszubrechen aus den Mechanismen, die uns kontrollieren und uns in Maschinen verwandeln.

Die Wege sind ohne Zahl. Ich wasche mir die Hände, und ich bin mir bewußt, daß ich mir meine Hände wasche. Ich fühle das Wasser. Ich bin mir der Handlung gewahr.

Ich sitze, und ich bin mir gewahr, daß ich sitze. Ich fühle mich und ich fühle den Stuhl.

Das Telefon klingelt. Einen Augenblick bevor ich den Hörer abnehme, um zu antworten, werde ich mir dessen bewußt, was ich tue.

Kleinigkeiten, aber es kann zur Gewohnheit werden. Ich betrachte die Dinge auf eine neue Weise, als ob ich sie vorher noch nie gesehen hätte. Ich betrachte Formen und Farben und Schatten, als hätte ich sie vorher noch nie gesehen. Aber meistens betrachte ich die Menschen auf eine neue Weise, ohne frühere Vorstellungen, Eindrücke, Definitionen.

Wenn zwei oder drei oder vier zusammen meditieren, kommt etwas hinzu. Vielleicht entsteht eine Art Schwingung oder Austausch, aber dies ist lediglich eine Vermutung. Doch nachdem man alleine meditiert hat, ist der Unterschied, wenn man mit anderen meditiert, immer bemerkenswert. Wenn jemand der Lehrer ist, gibt er nicht nur, sondern nimmt, und einige sagen, daß du, wenn du jemanden auf jene Ebene bringst, auf der du dich befindest, ein Bedürfnis der Meditation erfüllst.

Aber bestehe nie darauf, überrede nie, schmeichle nie. Es ist nicht etwas, zu dem jemand bekehrt werden kann. Das Bedürfnis wie auch das Handeln müssen von innen her kommen.

Den Mann und das Kind trennt ein halbes Jahrhundert; wenn sie aber sitzen, sind sie hier, und nichts trennt sie. Es gibt keine Vergangenheit und keine Zukunft, kein jung und kein alt, nur Hier und die Gegenwart. Sie sind beide ein Teil des Zusammenhangs aller Dinge, einer unteilbaren Gesamtheit. Das ist Wissen.

Das Kind, welches die Mutter sitzend sieht, wird dies gewöhnlich als etwas Natürliches hinnehmen, nicht als etwas, über das man erstaunt zu sein hat. Falls es fragen sollte, könnte die Mutter antworten:

»Ich sitze, um ruhig zu sein und zu hören, weil es gut ist, ruhig zu sein und zu hören.«

Ich denke, das Kind wird dies akzeptieren. Dränge das Kind nicht. Wenn es sitzen möchte, wird es sitzen, und wenn das Kind etwas im Zen findet, wird es ihm das Leben erleichtern. Aber überlasse es dem Kind und nur dem Kind.

Es gibt kein Alter, das für Zen zu hoch wäre. Zen ist keine Sache, für die man nach Jahren gemessen zu alt ist, keine Sache, die man in einem bestimmten Alter macht und in einem anderen nicht. Ein Kind kann mehr von Zen haben als ein Doktor der Philosophie, und sogar die Hochbetagten können die Saat der Wahrheit in der Meditation finden.

Ein Mann kam zum Zen-Meister und fragte: »Sage mir, weshalb ich Zen studieren sollte.«

Der Meister antwortete: »Weil du dann den Tod nicht fürchtest.«

Die Hochbetagten können weise sein auf dem Weg des Todes, der sich vom Weg des Lebens gar nicht so sehr unterscheidet.

Zen ist mehr als die Praxis der Meditation; es ist eine Lebensweise und eine Seinsweise. Dutzende von Büchern sind über die Philosophien geschrieben worden, die aus dem Zen-Weg des Denkens entstanden sind. Diejenigen unter Euch, die ein starkes Interesse an Zen entwikkeln, werden zweifellos viele davon lesen.

Wie dem auch sei, wenn ich um die Empfehlung eines Schriftstellers gebeten sein sollte, der am klarsten und weisesten den Zen-Weg erläutert, so fiele meine Wahl auf Krishnamurti. Er wird Türen zu einer Lebensweise öffnen, von der die Meditation nur ein Teil ist.